SUR GRIN VOS CONNAISSANCES SE FONT PAYER

- Nous publions vos devoirs
  et votre thèse de bachelor et master

- Votre propre eBook et livre –
  dans tous les magasins principaux du monde

- Gagnez sur chaque vente

Téléchargez maintentant sur www.GRIN.com
et publiez gratuitement

Bibliographic information published by the German National Library:

The German National Library lists this publication in the National Bibliography; detailed bibliographic data are available on the Internet at http://dnb.dnb.de .

This book is copyright material and must not be copied, reproduced, transferred, distributed, leased, licensed or publicly performed or used in any way except as specifically permitted in writing by the publishers, as allowed under the terms and conditions under which it was purchased or as strictly permitted by applicable copyright law. Any unauthorized distribution or use of this text may be a direct infringement of the author s and publisher s rights and those responsible may be liable in law accordingly.

Imprint:

Copyright © 2013 GRIN Verlag
Print and binding: Books on Demand GmbH, Norderstedt Germany
ISBN: 9783668721487

This book at GRIN:

https://www.grin.com/document/426473

Fatma Betül Akcora

«J'accuse» d'Emile Zola. Un texte littéraire ou journalistique?

GRIN Verlag

GRIN - Your knowledge has value

Since its foundation in 1998, GRIN has specialized in publishing academic texts by students, college teachers and other academics as e-book and printed book. The website www.grin.com is an ideal platform for presenting term papers, final papers, scientific essays, dissertations and specialist books.

Visit us on the internet:

http://www.grin.com/

http://www.facebook.com/grincom

http://www.twitter.com/grin_com

Université Johannes Gutenberg de Mayence
Philologie romane
Littérature et engagement
Semestre d'hiver 2012/2013

« J'accuse »

un texte littéraire ou journalistique ?

Akcora Fatma-Betül

Matière principale : étude des langues et littératures romanes
Matière secondaire : étude des langues et littératures slaves

Sommaire

1. Introduction	3
2. Qu'est-ce qu'est la littérature ?	5
2.1. Définition du terme « littérature »	5
2.2. Les fonctions de la littérature	5
2.3. Pourquoi écrire ?	6
3. Qu'est-ce qu'est le journalisme ?	7
3.1. Définition du terme « journalisme »	7
3.2. Les buts de journalisme	8
3.3. Les caractéristiques d'un texte journalistique	8
4. Conclusion	9

Bibliographie

1. Introduction

« J'accuse... » - une lettre ouverte publiée le 13 janvier 1989 dans le journal *L'Aurore* traite l'affaire Dreyfus qui joua un grand rôle social pendant les années 1894 et 1899. Ecrite par Emile Zola, un homme populaire et l'auteur de plusieurs romans, elle est adressée à Felix Faure, le président de la République française dans ce temps-là. La lettre présente en même temps la preuve de l'engagement inlassable d'Emile Zola pour Alfred Dreyfus (1859-1935). Ce dernier était un capitaine Juif et alsacien d'origine qui était arrêté sous le prétexte d'avoir trahi la patrie, sans une pièce à conviction suffisante. Peu après l'arrestation de Dreyfus, Zola identifia les vraies coupables d'espionnage et les accusa publiquement. Avec cet acte l'affaire prit une autre dimension en 1898. Cette lettre représenta un engagement politique et social. Les objectifs de Zola étaient vite repérés : de dissiper toutes les doutes, de mettre fin au conflit politique et de corriger l'erreur judiciaire. Il est clair que Zola atteignit son objectif, car grâce à lui, *«Tout était sauvé. Zola n'avait pas seulement révélé une erreur judiciaire, il avait dénoncé la conjuration de toutes les forces de violence et d'oppression unies pour tuer en France la justice sociale, l'idée républicaine et la pensée libre. Sa parole courageuse avait réveillé la France »*[1]. La lettre « J'accuse... » était sans doute un grand succès grâce à laquelle la vérité apparut au grand jour, mais il ne faut pas négliger que la presse eut aussi un effet considérable, car sans sa collaboration ne serait-il pas probablement possible pour Zola de faire circuler la vérité d'une façon tant rapide et d'obtenir la révision du procès.

Le fait que Zola a combiné sa lettre avec la presse nous amène sur le sujet de cette mémoire. Étant donné qu'il s'agit ici d'une écriture qui est publiée dans un journal, la lettre d'Emile Zola est-elle plutôt un texte journalistique qu'un texte littéraire? Le mémoire présent s'intéresse à la mise au point de cette problème.

Pour maîtriser la question mentionnée ci-dessus, le mémoire illustre tout d'abord l'essence de la littérature et il s'occupe de son utilité. Après, les signes caractéristiques et les fonctions de journalisme sont à présenter. En même temps, le travail va faire des parallèles entre un texte littéraire/journalistique et la lettre de Zola et il soulignera les différences entre ces deux genres d'écriture pour pouvoir finalement arriver à tirer une conclusion acceptable.

---

[1] vgl. France, Anatole (1902): *Éloge funèbre d'Émile Zola*. In : *Assemblé Nationale* [en ligne] http://www.assemblee-nationale.fr/histoire/dreyfus/dreyfus-zola-anatole-france.asp

2. Qu'est-ce qu'est la littérature ?

2.1. Définition du terme « littérature »

Tout le monde pense à savoir, ce qui la littérature est mais quand on consulte une encyclopédie, on constate que la connaissance supposée ne corresponde pas à la réalité. Selon *Larousse* la littérature est « *[l'] Ensemble des ouvrages, des articles de journaux, etc., consacrés à quelqu'un, à un sujet* »[2].
Mais est-il possible de nommer tout ce qui est écrit « littérature » ? Bien qu'ils existent plusieurs opinions concernant l'explication de ce terme, il n'y a pas une définition explicite. Comme le mot représente une particularité relativement indéfinissable, l'article suivant met l'accent sur les fonctions d'un texte littéraire pour le comprendre mieux.

2.2. Les fonctions de la littérature

Jean-Paul Sartre est incontestablement l'écrivain qui s'efforça de faire compréhensible la littérature engagé. Dans son essai *Qu'est-ce que la littérature ?* publié en 1947, il ne se penche non seulement sur la question qu'est-ce que la littérature engagé est, mais aussi à quoi elle sert. Ils existent bien sûr plusieurs aspects formels qu'un texte littéraire doit suivre. A l'aide de l'essai de Sartre, il est plus ou moins possible de percevoir que « J'accuse… » accomplit les caractéristiques qu'exigent un texte littéraire.
Selon Sartre, la littérature engagée se compose de trois éléments importants : l'un des éléments est qu'elle est informative, l'autre est qu'elle sert comme un appel et le troisième est qu'elle est un message (vgl. Sartre 1948 : 38)
La première fonction de la littérature engagée est de transmettre des informations. Un écrivain a normalement la liberté de choisir la manière dont il veut faire apparaître une information. Soit il le faire d'une manière subjective ou objective. Pour revenir à Sartre, un écrivain n'a pas l'opportunité d'être un observateur objective car il est toujours impliqué dans les affaires sociales. Ce qui fait qu'il a tendance à adopter une certaine position à l'égard d'eux. Compte tenu de cette constatation, l'agitation de Zola harmonise exactement avec le premier aspect: il

---

2 <littérature>. In *Larousse* [en ligne] http://www.larousse.com/de/dictionnaires/francais/litt%C3%A9rature/47503 (page consulté le 21.02.2013)

informe le monde sur l'innocence de Dreyfus par son écriture qui est caractérisé par une subjectivité et une partialité. La subjectivité de Zola se reflète dans sa lettre comme par exemple dans la phrase « *Ah ! cette première affaire, elle est un cauchemar [...]*»³.

Comme déjà mentionné, le scripteur d'une littérature engagé est subjectif. Il informe les lecteurs sur des nouveautés en les rendant publiques et il essaie d'atteindre cela en partant de son propre point de vue. Néanmoins, informer le monde sur ce qu'il se passe est loin d'être tout, car son intérêt n'est pas seulement d'informer, mais aussi de les mener à réagir.

Selon Sartre « *tout ouvrage littéraire est un appel* » (vgl. Sartre 1948, 53). Il en résulte que la littérature sert quasiment à exhorter les lecteurs à faire quelque chose. Elle est porteuse d'avenir que son auteur a créé. En effet, Emile Zola a écrit la lettre pour appeler à la conscience du président mais en publiant sa lettre dans un journal, il en appelle aussi (in)directement à la conscience de tout le monde. L'agitation des lecteurs n'est pas obligatoire, mais elle est espérée. Par conséquent, l'impératif hypothétique entre ici en jeu (si tu veux x, tu dois faire y)⁴. L'auteur leur laisse à décider de prendre l'initiative.

Le troisième point est qu'un texte littéraire est en même temps un message.

Il y a des textes dont le message est indiscutable mais il y a aussi des textes dont le message est ce que le lecteur/lectrice peut en conclure. Dans le cas de Zola, l'information qui est transmise aux lecteur/lectrice est que la justice peut être injuste et probablement qu'on ne devrait pas admettre tous sans remettre en question.

2.3. Pourquoi écrire ?

En plus de ces trois points plus importants, ils existent quelques autres aspects qui sont utile à décider si la lettre de Zola est plutôt une lettre littéraire ou pas. La solution du problème *Pourquoi écrire ?* aide à montrer ces aspects. Dans le première partie de son essai, Sartre déclare que dans un texte littéraire, l'écrivain engagé sait que « *parler c'est agir* »⁵, donc son idée principale est de vouloir

---

3Vgl. Oriol, Philippe (1998) : "J'accuse!...": Émile Zola et l'Affaire Dreyfus. Paris : Librio, p.66

4 <impératif catégorique>. In *Larousse* [en ligne] http://www.larousse.com/de/worterbucher/franzosisch/imperatif%20cat%C3%A9gorique (consulté le 21.2.2013)

5Vgl. Sartre, Jean-Paul (1948) : *Qu'est-ce que la littérature* ?. Paris : Gallimard, p 22

changer une situation ou de dévoiler quelque chose. (vgl. Sartre 1948 : 22)C'est pour ça qu'il essaie de faire cela en donnant des informations aux ses lecteurs sur l'affaire qu'il veut changer.

Quand Zola a écrit « J'accuse… » il s'adonne exactement à cette intention. Il n'a pas suivi le courant qui a cru que Dreyfus était coupable, au contraire il a nagé à contre-courant. Il se prononce contre le gouvernement et prend la défense d'un homme qui était condamné par la masse en écrivant une lettre à l'aide de laquelle il pouvait faire faire attention l'innocence de Dreyfus. Tout simplement : Zola a agi.

De plus, Sartre ajoute que c'est le devoir d'un écrivain de mettre le monde au courant de ce qu'il s'est passé et de ce qu'il se passe dedans (Sartre 1948 : 30) et « *lui apprendre ce qu'il ne sait pas* » (vgl. Sartre 1948, 77). Zola tenta de parvenir à cela, car il écrivit dans son lettre « *Mon devoir est de parler* »[6]. Donc, il sait la vérité qui était caché jusqu'à ce temps-là et il la fait savoir à tout le monde.

Un autre aspect est qu'un écrivain ambitionne de toucher le sentiment de ses lecteurs et de susciter de la passion chez eux Sartre 1948 : 64). Il fait cela pour rencontrer une réaction. Il est sûr que Zola a dépassé cet aspect. Son lettre n'a pas seulement évoqué la compassion, mais elle a aussi séparé la République française en deux pièces, les dreyfusards et les antidreyfusards.

3. Qu'est-ce qu'est le journalisme ?

Après avoir vu les fonctions de la littérature et son utilisation, le temps est venu de s'occuper de la question que le journalisme est.

Le paragraphe suivant montre en opposition du paragraphe précédent les fonctions les signes caractéristiques d'un texte journalistique.

3.1. Définition du terme « journalisme »

Quand on regarde dans une encyclopédie le mot « journalisme » on trouve cette définition :

« *Ensemble des activités se rapportant à la rédaction d'un journal ou à tout autre organe de presse écrite ou audiovisuelle [...]* »[7] Contrairement à la définition de

---

6Vgl. Oriol, Philippe (1998) : "J'accuse!...": Émile Zola et l'Affaire Dreyfus. Paris : Librio, p.64

7Vgl. <journalisme>. In *Larousse* [en ligne]
http://www.larousse.com/de/worterbucher/franzosisch/journalisme (page consulté le 22.2.2013)

la littérature, il est plus facile d'associer quelque chose avec le journalisme. Mais pourtant, il y a certains aspects qu'un journaliste doit prendre en considération quand il écrit un texte journalistique. Dans ce qui suit les fonctions et l'utilisation du journalisme sont à présenter.

3.2. Les buts de journalisme

Le journalisme, comme la littérature, a des plusieurs fonctions. Il sert à partager des informations, à communiquer et le point plus important est qu'il aide les gens à se faire une opinion (vgl. Häusermann 2011 : 7).
L'un des buts d'un texte journalistique est que les gens sont informés par lui. Il partage des nouveautés et il repose sur des données. Pour que l'information soit partagée il se sert de la communication. Communication n'est pas seulement l'acte oral, mais aussi ceux de l'écriture et elle est importante pour un écrivain qui veut que l'information est largement diffusée d'une manière rapide. Dans ce point ici, « J'accuse » convient avec tous les deux types de texte, car ils sont fondés sur le principe qu'une information est transmise.
L'autre but est qu'un texte journalistique propose de discuter plusieurs choses qui mènent à la formation de l'opinion. Il est plausible de comparer cet aspect avec l'appel de la littérature. Sans conteste, était l'intention de Zola de provoquer une discussion, car sinon il n'avait pas publié sa lettre dans un journal mais l'envoyé directement au président, mais il voulut en même temps appeler aux lecteurs et les inciter à penser

3.3. Les caractéristiques d'un texte journalistique

Il y a certains points desquels un auteur d'un texte journalistique doit tenir compte.
Pendant qu'un texte littéraire peut être écrit librement et se caractérise par la subjectivité, est-il inconvenable de rédiger un texte journalistique de même manière. L'opinion personnelle et l'appréciation sont strictement interdites. En plus il n'est pas permet d'utiliser des expressions offensantes ou infamantes (vgl. Häusermann 2011 : 35). Quand on jette un regard sur « J'accuse… » on peut voir que Zola utilise intentionnellement des expressions qui servent à rabaisser. Par exemple, il attaque le Président dans la phrase *« Et c'est fini, la France a sur la*

joue cette souillure, l'histoire écrira que c'est sous votre présidence qu'un tel crime social a pu être commis. »⁸. Cette attaque est en même temps contre tous les citoyennes françaises.

8Vgl. ORIOL, Philippe (1998) : "J'accuse!...": Émile Zola et l'Affaire Dreyfus. Paris : Librio, p.64

4. Conclusion

« J'accuse… », une lettre d'Emile Zola qui fut la une des journaux et était le sujet numéro un en France. Elle fut de la controverse après son apparition et était révolutionnaire à tous égards.

Ayant vu les différences entre un texte littéraire et un texte journalistique, il est consultable que « J'accuse… » héberge non seulement des signes caractéristiques du premier genre, mais aussi ceux du deuxième genre. Mais portant, le style d'écriture ressemble plutôt à ce de la premier. La volonté de Zola n'est pas seulement d'informer les lecteurs mais aussi de tirer l'affaire au clair et de faire de lui un événement international. Juste sa manière de procéder pour atteindre son ambition est l'une de particulière, car il prend la décision de faire sa lettre publique en la faisant sortir dans un journal. Cependant, sa lettre ne concorde pas en grande partie à la formalité d'un texte journalistique.

Il faut ajouter que le pamphlet, un genre utilisé par les écrivains qui mènent un engagement politique, religieux ou social, est le genre précis de « J'accuse… ». Écrit d'une manière agressive, elle se caractérise par la dégradation d'une autre personne et un engagement passionné de l'écrivain.

Pour conclure, face à la situation que *« le discours politique et le discours littéraire sont deux formes d'expression concurrentes dans le journal du XIXe siècle, ou l'espace d'écriture est limité, et les types d'interventions possibles extrêmement codifiés »* (vgl. Pagès 1991 : 49), Zola réussit à combiner le journalisme avec la littérature. Donc, il est convenable de dire que « J'accuse… », une percée en ce temps-là, est définitivement un texte littéraire dans une mise en scène journalistique.

Bibliographie

Littérature primaire :

HÄUSERMANN, Jürg (^{3}2011) : *Journalistisches Texten*. Konstantz : UVK

ORIOL, Philippe (1998) : *"J'accuse!..."*: *Émile Zola et l'Affaire Dreyfus*. Paris : Librio

PAGÈS, Alain (1991) : « *Émile Zola, un intellectuel dans l'affaire Dreyfus. Histoire de J'accuse* ». Paris : Librairie Séguier

SARTRE, Jean-Paul (^{6}2006) : *Was ist Litteratur ?*. Reinbek bei Hamburg : Rowohlt Taschebuch Verlag

SARTRE, Jean-Paul (1948) : *Qu'est-ce que la littérature ?*. Paris : Gallimard

En ligne :

http://www.assemblee-nationale.fr/histoire/dreyfus/dreyfus-zola-anatole-france.asp

http://www.larousse.com/de/

SUR GRIN VOS CONNAISSANCES SE FONT PAYER

- Nous publions vos devoirs et votre thèse de bachelor et master

- Votre propre eBook et livre – dans tous les magasins principaux du monde

- Gagnez sur chaque vente

Téléchargez maintentant sur www.GRIN.com
et publiez gratuitement